AF369702

1904. Avril 18

VENTE
du Lundi 18 Avril 1904

HOTEL DROUOT, SALLE N° 4

à deux heures

OBJETS
d'Art & d'Ameublement

TABLEAUX
ANCIENS & MODERNES

BRONZES — PORCELAINES — FAÏENCES

GRAVURES

MINIATURES — TAPISSERIES

Mᵉ Georges BONNAUD
COMMISSAIRE-PRISEUR
23, Rue Le Peletier, 23

M. WILLIAMSON Fils
EXPERT
3, Quai d'Anjou, 3

NOUVELLE
IMPRIMERIE
Edouard LASNIER
Directeur
37, Rue St LAZARE
PARIS
Téléphone 259-74

DÉSIGNATION

MEUBLES

1 — Meuble de salon, de l'époque de Louis XVI, en bois sculpté et peint en gris, couvert en velours d'Utrecht jaune, composé de : 1 canapé, 2 bergères, 3 fauteuils.

2 — Commode, de l'époque de Louis XVI, en marqueterie, ornée de bronzes ciselés et dorés, deux tiroirs, dessus en marbre brèche d'Alep.

Larg. : 0m68.

3 — Bibliothèque en acajou, de l'époque de l'Empire, ornée de bronzes ciselés et dorés.

Haut. : 1m90. Larg. 1m.

4 — Guéridon de l'époque de l'Empire, en acajou sculpté et en partie doré, forme de trépied, dessus en marbre bleu turquin.

Diam. : 0m65.

5 — Bibliothèque en poirier noirci, trois van-
taux vitrés.

Haut. : 2ᵐ30. Larg. : 1ᵐ75.

5 *bis* — Commode de l'époque de Louis XV,
en marqueterie. Bronzes modernes.

6 — Armoire normande en chêne sculpté, à
fronton.

Haut. : 2ᵐ10. Larg. : 1ᵐ35.

7 — Armoire bretonne en chêne sculpté.

Haut. : 2ᵐ10. Larg. : 2ᵐ40.

8 — Cabinet en bois sculpté, décoré de pan-
neaux à têtes d'hommes.

Haut. : 2ᵐ10.

9 — Bahut en chêne sculpté, à décor d'ar-
moires et de figurines.

Long. : 1ᵐ35.

10 — Bibliothèque à deux corps en chêne, un
tiroir.

Haut. : 1ᵐ70.

11 — Causeuse style Louis XV en bois sculpté
et doré, couverte en tapisserie d'Aubusson
fond blanc, dessin de fleurs.

Long. : 1ᵐ10.

12 — Canapé et fauteuil assorti, style Louis
XVI en bois sculpté et doré, couverts en
lampas rayé à fleurs.

13 — Quatre chaises légères en bois doré, cou-
vertes en lampas à fleurettes.

14 — Console de l'époque de l'Empire en acajou, montants à têtes de sphinx, dessus en
marbre, un tiroir.
Larg. : o^m5o.

15 — Console de l'époque de l'Empire en acajou, ornée de bronzes ciselés et dorés, montants à têtes de sphinx, dessus en marbre,
fond à glace.
Larg. : o^m9o.

16 — Table à ouvrage Louis XVI en marqueterie, ornée de bronzes ciselés et dorés.
Larg. : o^m42.

17 — Console de l'époque de l'Empire, en acajou, ornée de bronzes ciselés et dorés, dessus
en marbre.
Long. : o^m9o.

18 — Support de lampe en bois sculpté, enfant
triton.
Haut. : o^m95.

19 — Paire de consoles en bois noir sculpté, à animaux fantastiques.

Haut. : 0^m50.

20 — Table de nuit à colonnes, de l'époque de l'Empire, en acajou, ornée de bronzes ciselés et dorés, dessus en marbre Ste-Anne.

Long. : 0^m48.

21 — Chaise longue en bois sculpté et doré, à dragons, garniture en soie grenat.

Long. : 1^m90.

22 — Deux fauteuils de l'époque de Louis XVI en bois sculpté, laqué gris verdâtre, cannés, avec coussins.

23 — Deux chaises de l'époque de Louis XVI, en bois sculpté laqué gris verdâtre, cannées, avec coussins.

24 — Fauteuil en bois laqué blanc, canné.

25 — Glace de l'époque de Louis XVI, en bois sculpté et doré.

Haut. : 1^m. Larg.: 1^m65.

26 — Toilette à miroir, de l'époque de Louis XVI, en marqueterie à incrustations de cuivre, un tiroir.

Larg.: 0^m50.

27 — Baromètre de l'époque de Louis XVI, à cadre en bois sculpté st doré, décor à attributs.

Haut. : 0^m90.

28 — Jeu de tric-trac, de l'époque de Louis XVI, en marqueterie, avec jeu de dames en bois sculpté.

29 — Deux consoles d'applique en bois sculpté, Moïse et tête de moine.

30 — Deux autres. Joueur et joueuse de guitare.

Haut. : 0^m26.

Deux autres. Têtes d'anges.

Haut. : 0^m26.

31 — Deux consoles Louis XV en bois sculpté.

Haut. : 0^m90.

32 — Deux consoles Empire en bois sculpté, décor de faunesses.

Haut. : 0^m95.

33 — Quatre tortues en bois sculpté.

34 — Ecran de style Louis XVI, en bois sculpté et doré, feuille couverte en soie fond blanc, dessin de fleurs.

Haut. : 1^m10.

35 — Coffret en acajou, orné de cuivres.

Larg. : 0^m65. Larg. : 0^m42.

BRONZES ET OBJETS D'ART

36 — Pendule, de l'époque de Louis XVI, forme portique, en marbre noir et bronze ciselé et doré.

Haut. : 0ᵐ45.

37 — Paire de candélabres, de l'époque de l'Empire, en bronze ciselé et doré, enfant supportant un bouquet de deux lumières.

Haut. : 0ᵐ40.

38 — Paire de flambeaux, de l'époque de Louis XVI, en bronze ciselé et doré, forme trépied, vase à flammes, socle en marbre griotté.

Haut. : 0ᵐ31.

39 — Groupe de bacchante et jeune faune, en bronze patiné, signé Clodion.

Haut. : 0ᵐ27.

40 — Paire de candélabres en bronze ajouré, deux lumières.

41 — Statuette d'enfant en bronze argenté.

Haut. : 0ᵐ15.

42 — Brûle-parfums de la Chine, en bronze ciselé et patiné, sujet coq et poule.

Haut. : 0ᵐ50.

43 — Paire d'appliques à glace, de l'époque de Louis XVI, en bois sculpté et doré, deux lumières.

Haut.: 0m55.

44 — Paire d'appliques, forme ovale, en bois sculpté et doré, à tête de femme.

45 — Buste en marbre blanc, tête d'enfant couverte d'une capeline.

46 — Deux écrans à main, feuille ovale brodée, manche ivoire.

47 — Cave à liqueurs en acajou, contenant quatre flacons en cristal décoré d'or.

48 — Lot de dix-huit jetons argent, XVIIIe siècle.

49 — Paire de pistolets de combat, avec accessoires, fabrication de Marquis.

50 — Paire d'épées de combat, de Marquis.

51 — Pipe de l'Annam, dans un étui en bois sculpté.

52 — Montre Saint-Georges en argent.

53 — Face à main Louis XV, en bois sculpté.

PORCELAINES ET BISCUITS

54 — Sucrière à plateau et couvercle, en porcelaine française de l'époque de Louis XVI, pâte dure, décor de bouquets de fleurs, filets dorés.

Haut. : 0^m15.

54 *bis* — Lot de plats de la Chine et du Japon.

55 — Vase octogone avec couvercle en porcelaine flammée rouge de Sèvres, 1883, filets dorés.

Haut. : 0^m18.

56 — Soupière en terre de Lorraine, avec couvercle et plateau.

Diam. : 0^m30.

57 — Paire de bouteilles en porcelaine de la Chine, décor bleu.

Haut. : 0^m32.

58 — Paire de porte-bouquets, en faïence de Sarreguemines, décor couleurs et or.

Haut. : 0^m38.

59 — Lot de six pièces porcelaines et faïences.

60 — Buste de Gambetta, par **Falguière, en** biscuit de Sèvres, 1888.

Haut.: 0ᵐ27.

61 — Buste de Mme Dubarry, par **Pajou, en** biscuit de Sèvres 1892, sur socle en porcelaine de Sèvres bleue, à filets dorés.

Haut.: 0ᵐ30.

62 — Buste de Louis XVI en biscuit, sur socle en porcelaine bleu et or.

Haut.: 0ᵐ35.

TABLEAUX

COURBET

63 — Paysage.

Haut.: 1ᵐ50. Larg.: 1ᵐ45.

BOUDIN (Attribué à)

63 *bis* — Bords de la Seine.

Haut. : 0ᵐ50. Larg.: 0ᵐ85.

COURBET

64 — Paysage.

Mêmes dimensions que le n° 63.

Haut.: 1ᵐ10. Larg.: 1ᵐ45.

DAUBIGNY (Attribué à)

65 — Etang.

Haut. : 0^m25. Larg. : 0^m45.

DELACROIX (Attribué à)

66 — Lionne et ses petits.

Haut. : 0^m25. Larg. : 0^m35.

DELACROIX (Attribué à)

66 *bis* — Esquisse à la plume du tableau précédent.

DIAZ (Attribué à)

67 — Sous bois.

Haut. : 0^m45. Larg. : 0^m45.

DIAZ (Attribué à)

68 — Paysage.

Haut. : 0^m35. Larg. : 0^m23.

DUPRÉ (Jules) (attribué à)

69 — Paysage.

Haut. : 0^m23. L. : 0^m20.

GUILLEMET

70 — Ferme en Normandie.

Haut. : 0^m40. L. : 0^m45.

GUILLEMET

71 — Ferme au borde de la mer.

Haut. : 0m40. L. : 8m45

VAN LOO (Ecole de Kaal)

72 — Princesse en riche toilette, ornée de bril-
lants, assise en pied.

Haut. : 0m88. L. : 0m68

ROULLET (Gaston)

73 — Le Grand Canal à Venise.

Haut. : 0m60. L.: 0m90

ROULLET (Gaston)

74 — Vue de Venise.

Haut.: 0m60 Larg. ; 0m30

TH. ROUSSEAU (attribué à)

75 — Vaches à l'abreuvoir.

Haut. : 0m75. L. ; 0m90

TH. ROUSSEAU (attribué à)

76 — Etang, panneau.

Haut. : 0m50. L. 1m00.

WEENIX (attribué à)

77 — Fruits.

Haut. : 0^m40. L. : 0^m50.

ZURBARAN (Attribué à)

78 — Gardeuse de mouton.

Haut. : 0^m50. — : 0^m65.

PRADIER

79 — Chasseur.

Haut. : 0^m25. L. : 0^m45.

PRADIER

80 — Scène genre Wattau.

Haut. : 0^m43. L. 0^m40.

ÉCOLE FRANÇAISE (xixe siècle)

81 — Tête de femme.
Pastel.

Haut. : 0^m53. L. : 0^m43.

Forme ovale.

ÉCOLE FRANÇAISE (xviiie siècle)

82 — Vénus au bain.

Haut. : 0^m60. L. : 0^m40.

Cadre de l'époque Louis XVI en bois sculpté et doré.

BASTIEN LEPAGE

83 — Tête d'enfant.
Dessin.

84 — Lot de gravures de modes du commencement du XIXe siècle, treize pièces.

85 — Quatre miniatures, portraits de femme, sur ivoire, diverses dimensions, encadrées.

86 — Miniature, Napoléon Ier, en costume de sacre, encadrée.

87 — *Le Lever de la Mariée*, estampe en couleurs, sur soie. Reproduction d'après BAUDOUIN.

88 — *La Promenade publique.* Estampe en couleurs, d'après DEBUCOURT. Reproduction.

89 — *Le Tréteau de Tabarin.* Estampe en couleurs. Reproduction.

BUSSET (d'après)

90 — La Récompense.
L'Instruction.
Deux gravures en couleurs.

DUBRUSTE (d'après)

91 — Gravure en couleurs.

92 — Bas-relief en cire, sous verre, par GUEYTON-EMBRUN, sujet Pierrot, Colombine et Polichinelle.
Haut. : 0^m15. Larg. : 0^m35.

93 — *La bonne ménagère.* Estampe en couleurs, sur soie. Reproduction d'après GREUZE.

94 — *L'Accordée de Village.* Estampe en couleurs, sur soie. Reproduction d'après GREUZE.

95 *Le Billet doux.* Estampe en couleurs, sur soie. Reproduction d'après LAVREINCE.

96 — Le Petit Lever.
Le Carquois épuisé.
Le Boudoir.
Le Coucher.
Quatre gravures en couleurs, sur soie. Reproductions.

97 — Lot de gravures en couleurs. Reproductions.

TAPISSERIES ET TENTURES

98 — Tapisserie verdure, fabriquée dans les Flandres, au XVIIe siècle. Au premier plan, un chien tient dans sa gueule un canard, derrière lui, un berger joue du chalumeau. Bordure à guirlandes de fleurs et de fruits.
Haut. : 2m90. Larg.: 3m35.

99. — Sujet de paysage.
Bordures à fleurs et à fruits.
Haut. : 2m90. L. : 2m15.

100 — Deux portières, en tapisserie des Flandres, xvie siècle, à grands personnages.

Haut. : 2^m40. Larg. : 0^m90.

101 — Tapis-carpette en Aubusson, fonds rouge et vert, dessin de fleurs.

Long. : 4^m. Larg. : 3^m90.

102 — Paire de portières en tapisserie d'Aubusson, fond blanc, dessin couronnes et bouquets de fleurs.

Haut.: 3^m.

103 — Paire de cartonnières ou tapisserie d'Aubusson, fond blanc, dessin fleurs et attributs de musique.

Haut.: 3^m.

104 — Objets non catalogués.

CONDITIONS DE LA VENTE

Elle sera faite au comptant.

Les acquéreurs payeront dix pour cent en sus des enchères.

Paris — Nouv Impr. Ed. Lasnier, d^r 37, rue Saint-Lazare

www.ingramcontent.com/pod-product-compliance
Lightning Source LLC
LaVergne TN
LVHW021910180726
843502LV00008B/2993